les enfants

Titre original de l'ouvrage: ''los niños''
© José M.ª Parramón Vilasaló

© Bordas. Paris. 1985 pour la traduction française
I.S.B.N. 2-04-016233-X
Dépôt légal: juin 1985

Imprimé en Espagne par
Graficromo, S.A. Pol. Ind. ''Las Quemadas''
14014-Córdoba (Espagne), en mai 1985
Dépôt légal: CO-803 -1985
Numero d'Editeur: 785

la bibliothèque des tout-petits

María Rius
Josep Mª Parramón

les enfants

Bordas

Ils naissent. Puis ils dorment
beaucoup.

Ils mangent et ils grandissent.

Ils commencent à rire.

Ils apprennent à reconnaître.

... et ils apprennent à marcher.

A deux ans, ils se lavent,
ils se coiffent, ils s'habillent...

... et ils veulent savoir, ils posent
des questions, ils parlent.

Ce sont des enfants, des garçons
et des filles.

Et ils vont tous à l'école.

Ils apprennent à lire, à écrire,
à compter.

Ils ont des amis et ils jouent
dans la cour de l'école.

Ils aiment leurs parents,
leurs frères et soeurs.

Ils sont comme toi... les enfants!

la bibliothèque des tout-petits

Dans la même collection:

les quatre saisons

Asun Balzola
Josep Mª Parramón
le printemps
Bordas

Carme Solé Vendrell
Josep Mª Parramón
l'été
Bordas

Ulises Wensel
Josep Mª Parramón
l'automne
Bordas

Carme Solé Vendrell
Josep Mª Parramón
l'hiver
Bordas

les quatre éléments

Carme Solé Vendrell
Josep Mª Parramón
la terre
Bordas

María Rius
Josep Mª Parramón
le feu
Bordas

María Rius
Josep Mª Parramón
l'air
Bordas

Carme Solé Vendrell
Josep Mª Parramón
l'eau
Bordas

les cinq sens

María Rius
J.M. Parramón. J.J. Puig
la vue
Bordas

María Rius
J.M. Parramón. J.J. Puig
l'ouïe
Bordas

María Rius
J.M. Parramón. J.J. Puig
l'odorat
Bordas

María Rius
J.M. Parramón. J.J. Puig
le toucher
Bordas

María Rius
J.M. Parramón. J.J. Puig
le goût
Bordas